• 청소년을 위한 분노조절 성품프로그램 •

ABC 프로젝트

Angry Birds Changed the PROJECT!

자람성품연구소 **우지연** 지음

베드로서원

Author Introduction

저자소개

우지연 / 자람성품연구소 소장

성품과 관련된 교재개발 및 강의를 2009년부터 하고 있으며, 사람들을 건강하게 돕고 성장하도록 하는 일에 관심이 많아 자람성품연구소를 만들었다. 논문은 〈어린이 인권에 관한 기독교교육학적 성찰〉을 썼으며 유아 성품교육, 초등 성품교육, 청소년 성품교육, 부모 및 교사성품교육에 관한 세미나와 특강을 하고 있으며 『The 성품』(2014, 겨자씨)이라는 책을 출간했다.

강의경력

모락중학교, 갈뫼중학교, 대광중학교, 백운고등학교, 우성고등학교, 의왕고등학교, 율전초등학교, 덕성초등학교, 백운초등학교, 안양의 집, 명륜보육원, 자원봉사센터, 서울장신대학교, 장로회신학대학교 등에서 교사교육, 부모교육, 학생교육 외 다수

Institute Introduction

자람성품연구소 소개

· 성품교육 프로그램 연구 및 개발업무
· 성품교육 전문 지도자 양성 (유아/초등/청소년 성품지도자 3급 및 2급 과정)
· 성품교육 요청기관 파견 성품교육 지도
· 상담교육기관, 복지재단, 방과후 학교 및 기타 기관 성품교육 실시

피터하우스(Peter House)는
21세기 토탈(Totar) 문서선교의 대명사입니다.
베드로서원은 문서라는 도구로 한국교회가 복음의 본질을 회복하고
선교적교회로 나아가는데 기여하고자 최선을 다하고자 합니다.

피터하우스(베드로서원)의 사역원리
Pastoral Ministry(목회적인 사역)
Educational Ministry(교육적인 사역)
Technological Ministry(과학적인 사역)
Evangelical Ministry(복음적인 사역)
Revival Ministry(부흥적인 사역)

ABC 프로젝트
청소년을 위한 분노조절 성품프로그램

초판 1쇄 발행일 2014년 7월 30일
　　 3쇄 발행일 2020년 4월 10일

지은이 : 우지연
펴낸이 : 방주석
발행처 : 베드로서원
주　소 : 경기도 고양시 일산동구 고봉로 776-92
전　화 : 031)976-8970
팩　스 : 031)976-8971
이메일 : peterhouse@daum.net
등　록 : 2010년 1월 18일 / 창립일 : 1988년 6월 3일

ISBN　: 978-89-7419-331-7 03230

　　　　책값은 뒤표지에 있습니다.

Prologue

화가 나는 **청소년들**을 위하여

청소년들은 아프다. 성장통을 겪기에 아프고, 스스로에 대한 불안과 미래에 대한 두려움 때문에 힘들다. 친구랑 가까워도, 친구랑 멀어져도 고민이 된다. 사소한 일만 생겨도 참지 못하고, 과격하게 화가 나는 자신 때문에 슬프다. 좋아하는 친구랑 경쟁해야 하기에 괴롭고, 주위 사람들의 평판이 부담스럽다. 사람은 누구나 하루에도 몇 번씩 분노를 느끼지만 특별히 청소년기에는 더 예민하게 받아들여진다.

도대체 왜 그럴까?

그 이유는 분노가 무엇인지 모르기 때문이다. 분노는 요구가 있다는 것을 알려준다. 내 마음속에 지금 무엇을 바라고 있는 지를 알려준다. 그런데 그 요구를 알지 못한다면 그 요구가 분노라는 감정에 숨어 있다가 폭탄을 만든다. 그리고 그 폭탄은 언젠가 터진다. 폭탄이 터지면 자신과 타인에게 고통을 준다. 대부분의 사람들은 폭탄을 만들고 있는지 조차도 모른다. 그래서 더 불안하다.

우리 모두는 분노라는 감정에 대해 배워야 한다. 하지만 청소년들에게는 더 중요하다.

그 이유는 청소년들이 분노를 많이 내기 때문이 아니라, 어떻게 분노해야 하는지 모르기 때문이다. 분노에 대해 배운 적이 없기 때문에 그냥 화가 날 때 내가 알던 대로, 들어왔던 대로, 봤던 대로 하게 된다는 것이 문제이다. 나는 청소년들이 화를 잘 냈으면 좋겠다. 화에 대해 알고 냈으면 좋겠다.

따라서 이 책은 나와 같이 분노로 고생하는 많은 사람들에게, 특별히 왜 화가 나는지도 알지 못하며 힘들어하고 있는 대한민국의 청소년들이 봤으면 좋겠다. 그러나 이 책은 혼자는 터득하기 어렵다. 분노를 해결하기 위해서는 누군가의 도움이 필요하다. 이 책의 순서를 따라 함께 동행만 해준다면 여러분의 삶이 조금이나마 달라질 것을 확신한다.

나는 지금도 분노에 대해 고민하고 씨름하고 있지만 자유롭다. 분노에 의해 정복당하지만은 않는다. 나는 여러분들도 이 과정을 통해 내가 왜 화가 나는지, 그리고 이 화가 어디에서부터 시작되었고, 앞으로 내가 어떻게 이 분노를 효과적으로 표현하고 조절할 수 있을지, 알아차렸으면 좋겠다.

CONTENTS

목차

Anger Understanding

1과 / 분노를 이해하면 분노를 다스릴 수 있다!

1 팀 빌딩 Team Buliding

● 모든 것이 가능하다면

	나의 이름과 별명은?	모든 것이 가능하다면 할 수 있는 것은?	내가 기분이 좋을 때는?
1			
2			
3			
4			
5			
6			
7			
8			

● 친구를 칭찬합니다!

	1	2	3
1	열정	배려	조화
2	용기	창조적	리더쉽
3			
4			
5			
6			
7			
8			
9			
10			

리더십, 책임감, 꼼꼼함, 자신감, 밝음, 전통적, 명랑함, 쾌활함 민첩함, 유연함, 성실, 정직, 도전, 열정, 명석함, 독립정신, 분별력, 이해심, 사랑, 친절, 호기심, 대처능력, 유머감각, 우아함, 에너지 넘침, 낙천적, 포용력, 윤리적, 솔직함, 인정 많음, 소신 있음, 결단력, 섬세함, 정확함, 융통성, 카리스마, 모범적, 탁월함, 창의적, 주도적, 적극적, 전문성, 따뜻함, 검소함, 긍정적, 탐구심, 인내심, 공정성, 용기, 자비로움, 의리, 겸손함, 분석적 이해력, 재치, 순발력, 낭만적, 적응력, 헌신, 명확함, 협상능력 소박함, 가능성, 추진력, 섬세함, 논리적, 집념, 설득력, 신중함, 부드러움, 여유로움, 배려심, 순수함, 사려 깊음, 강인함, 충성심, 완벽함, 부지런함, 희망적, 배려, 평화, 조화, 건강함, 절제됨, 정의로움, 집중력, 균형, 승부욕, 의지력, 현실적, 신뢰, 통찰력

세상에서 나에 대해 알아가는 공부보다 더 중요한 공부는 없다.

● 우리만의 룰(Role) 만들기

2 내가 생각하는 분노란?

● 분노는

이다.

● 나를 화나게 하는 세 가지?

● 화가 날 때 나는 종종 이렇게 해요.

3 분노학 개론 : 우리가 분노를 배워야 하는 이유

● 분노 뒤에 숨어 있는 나의 _____ 를 찾을 수 있다

분노는 대부분 자기 자신이 인식하지 못하는 상황에서 발생한다. 때때로 친구를 때리고 욕을 하거나 무시하는 등의 행동들은 어떤 사건이 일어나게 만든 원인이라고 생각한다. 그러나 사건이 있기 전에 나에게 중요한 욕구가 있었다는 것을 아는 것이 필요하다. 분노는 그 욕구가 채워지지 않았기 때문에 생긴 것이지 다른 사람 때문에 생긴 것이 아니다.

어떤 사람은 말에 대해서 분노를 잘 내고, 어떤 사람은 먹는 것 때문에 화를 낸다. 또, 어떤 사람은 공부를 못해서 화를 낸다. 사람은 저마다 화를 내는 이유가 다르다. 따라서 분노가 났을 때 화부터 내지 말고, 잠깐 멈춰서, 자기 욕구가 무엇인지 아는 것이 중요하다.

자기 욕구를 안다는 것은 내가 언제 화가 나는지를 이해한다는 것이고 내가 화나는 이유를 알면 자기가 원하는 것이 무엇인지를 잘 설명할 수 있고, 상대방에게 분노를 표현하는 방식에 있어서도 자신의 의도를 잘 전달할 수 있다. 분노는 나에게 도움이 되는 것이 무엇인지 잘 선택할 수 있게 해 주는 신호와 같기 때문에 분노를 통해 우리는 자신의 필요를 발견할 수 있다.

● 분노를 배워야 _____ 를 잘 낼 수 있다

어떤 일에 무관심하면 분노를 느끼지 않고, 그 일에 관여하고 싶은 마음도 들지 않는다. 우리는 우리의 분노를 통해 분노에 담긴 메시지를 알 수 있다. 그리고 그 분노를 건강하게 표현만 할 수 있다면 더 좋은 사회, 더 좋은 세상을 만들어나갈 수 있다.

한양사이버대학교 상담심리학과 유성진 교수는 분노를 '망치'로 비유했다. 분노는 망치처럼 무엇인가를 때려 부수는 파괴적인 방식으로 사용될 수도 있고, 반대로 새로운 무엇인가를 건설하고 제작하는 방식으로도 사용될 수 있다. 따라서 분노를 느낄 때 이를 건설적인 방식으로 표현하여 관계를 파괴하고 갈등을 조성하는 것이 아니라 같이 사는 세상을 가치있게 만들어가는 방법을 배우는 것이 중요하다.

● 분노는 _____ 를 위한 기술(technic)이다

분노는 원래 긍정적인 감정도, 부정적인 감정도 아니다. 그냥 인간이라면 누구나 느끼는 자연스러운 감정이다. 그럼에도 많은 사람들이 분노를 부정적으로 생각하는 것은 자기 자신이 분노를 그렇게 판단하고 있기 때문이다.

분노를 부정적으로 만드느냐, 긍정적으로 만드느냐는 전적으로 분노를 다루는 그 사람의 감정이다.

분노의 감정을 수용하지 못하고 또 분노가 났을 때 적절히 표현하는 법을 배우지 못하면 부정적인 형태로 분노를 처리하게 된다.
따라서 어떻게 분노를 처리할 수 있는지를 배워야만 함께 살아가는 공동체에서 갈등이 일어났을 때 문제를 건강한 방식으로 해결할 수 있다.

● 분노를 일으키게 하는 _____ 은 적이 아니다

종종 우리는 나의 말이나 바람이 거절당했다고 상대방을 모두 적으로 간주해버리는 실수를 많이 한다. 하지만 사실 상대방은 분노를 일으키는 적이 아니다. 상대방은 나의 바람이나 욕구를 채워주어야만 하는 무조건적인 존재가 아니다. 그럼에도 나의 기대로 상대방의 의지를 조절하려고 했고, 그것이 실패해서 화가 나는 경우가 많다.

상대방에게도 내가 알지 못하는 형편이 있고 나와는 다른 의견을 제시할 수 있다. 내가 바라는 것이 있듯이, 상대방도 바라는 것이 있다. 서로 다른 의견을 가진 사람을 만날 때마다 반대하고 싫어하고 피하게 된다면 문제는 아무 것도 해결되지 않는다.

이처럼 분노를 건강하게 표현하는 방법을 배우게 되면 자신의 생각만 옳다고 여기는 편협적인 사고에서 벗어나고, 나의 분노가 과연 적절한지를 점검, 분석, 수정할 수 있다.

4 분노를 표현하는 다양한 모습들

● 수동형 Types of passive anger

일단 화가 나면 아무 일이 없었던 것처럼 행동한다. 그리고 누구의 편도 들지 않으면서 방관자의 모습을 취한다. 문제가 되는 사안에 대해 말하지 않기 때문에 남들이 볼 때에는 착한 사람이라고 할 수 있다. 다른 사람의 느낌과 반응에는 예민하지만, 정작 자신의 마음은 알지 못한다.

분노를 해결하는 방식은 약한 대상(애완동물, 친구, 동생)에게 분풀이하거나 게임, 문구점 쇼핑(옷 쇼핑) 등을 한다. 대체로 분노를 전혀 내지 않는 부모 밑에서 자랐거나 정반대로 분노를 공격적으로 다루는 사람을 보고 자란 탓에 분노를 내서는 안 된다는 신념을 가진 경우가 많다.

● 공격형 Types of aggressive anger

공격형의 사람들은 즉각적으로 화를 낸다. 입에서 불이 나오는 듯한 분위기를 연출한다. 아주 격렬하게 자신이 화가 났다는 것에 대해 논리적이듯 설명하지만, 대체로 비난이나 위협, 괴롭힘, 빈정거리는 말들을 많이 한다. 상대방에게 일단 화를 내면 더 이상 이 문제에 대해 말하고 싶어하지 않고, 자신이 옳다고 믿기 때문에 다른 사람의 의견을 들으려 하지 않고 상대방의 감정도 무시해버린다. 말싸움에서는 이기지만 친구들이 실제로 좋아하지는 않는다.

그리고 분노를 푸는 방식으로는 극단적인 방식으로 먹거나 놀거나 사거나 하는 방식을 취한다. 대체로 부모님도 목소리가 크고 화를 잘 낸다.

● 수동공격형 Types of passive aggressive anger

이 사람들은 혼합형의 양태를 보인다. 화가 났다는 것을 표현하지만 다른 사람들이 자신을 싫어하는 것이 두려워서 소극적으로 표현한다. 그래서 친구들 뒤에서 이야기하거나 머리를 써서 말없이 사람들을 조종하려고 한다. 겉으로 표현하지는 않지만 자신이 옳다고 여기는 가치, 욕구, 신념이 분명하게 있다. 수동형과 다른 점은 친구의 뒤에서 보복을 하는 수단으로 분노를 관리한다는 점이다. 분노를 표현하는 방식은 뒤에서 좋지 않은 소문을 퍼뜨리거나 협력을 하지 않음으로써 골탕을 먹이거나 또는 상대방이 좋아하는 것을 해주지 않는다.

● 자기 표현형 Self expressive anger

자신의 의사를 적절하게 표현하고 전달한다. 어떻게 해결하면 좋을 지에 대해 상대방에게 차분하고 정중하게 의사를 표현함으로써 문제를 해결한다.

5 피드백 Feedback

당신은 어떤 사람인가? 수동형처럼 화가 나도 나지 않는다고 누르는 사람인가, 그래서 다른 사람은 모르지만 자신은 시름시름 아프거나 두통과 위장병에 괴로워하고 있지는 않은가? 아니면 공격형처럼 화만 나면 폭발해 버리는 사람인가? 당신이 만약 공격형이라면 당신 주위에 사람들이 점점 사라지는 것을 보게 될 것이다. 아니면 당신은 수동공격형의 사람인가, 다른 사람이 알까봐 직접적으로 공격하지는 않지만 뒤에서 이야기하는 것을 좋아하는 사람일 가능성이 높다.

분노는 사라지지 않는다. 다만 누르고 있을 뿐.

분노는 모든 사람에게 필요하다.
그러나 분노를 알아야 분노를 해결할 수 있다.

● 오늘 시간을 마무리 하면서 새롭게 깨달은 것이 있다면 무엇인가?

Expressions of Anger

2과 / 분노를 잘 표현하기

1 팀 빌딩 Team Buliding

_____

_____

2 분노 표현 상황극 Education plays

_____ 조 _____ 형

> **상황1)**
>
> 오랜 만에 반가운 친구에게서 전화가 한 통 걸려왔다. 너무도 반가운 친구라서 수다를 떨고 있다. [블라블라블라....] 이 때, 내 방 앞으로 엄마가 지나가신다.
>
> **엄마:** (버럭 소리를 지르고 흘겨보며) 꼴통!!!!!!! 너 전화 그만 끊지 못해!!!! 허구 한 날 공부는 안 하고 쓸데없는 짓만 하는 녀석 같으니라고. (전화기 너머로 소리가 들려온다)
>
> **친구:** (당황한 목소리로) 야~~ 그만 끊자. 너희 엄마 엄청 화 나셨나보다. 다음에 또 연락하자!! (뚝) (놀란 나머지 전화를 끊고 시계를 쳐다본다. 시간은 얼마 흐른 것 같지 않다.)

● 그 후의 이야기를 모둠별로 만들어보자.

수 동 형 |

공 격 형 |

수동공격형 |

자기표현형 |

상황2)

때는 수학 김포스쌤의 수업시간!! 열심히 수업 듣고 있는 나!!

짝꿍: (나를 슬쩍 건들며 눈짓과 함께 조용한 목소리로) 친구야!! 수현이 함 건들까?

나: (내키지 않는다는 표정으로) 지금은 김포스쌤 수업이거든!! 싫다!!

(이 때, 내 짝꿍이 앞에 앉은 수현이의 옆구리를 볼펜으로 찌른다)

짝꿍: (모른척하며 수업에 집중하는 척 한다)

(헐~~ 대박~~~ 수현이는 때뜸 나에게 버럭 화를 내는 게 아닌가)

수현: (나를 보고 버럭 화를 내며) 아!! 짜증나~~ 죽을래?

● 그 후의 이야기를 모둠별로 만들어보자.

수 동 형 |

공 격 형 |

수동공격형 |

자기표현형 |

3 분노를 표현하는 건강한 방법 : ABC 권법

ABC권법이라고 들어본 적 있나요? ABC권법은 화가 났을 때 나를 지켜주는 호신용 무기와 같은 거예요. ABC권법은 이 글자의 줄임말이에요.

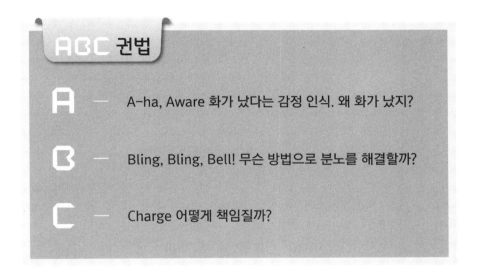

- **A** : A-ha, Aware 화가 났다는 감정 받아들이기

  ① 화가 난 마음 토닥이기

    화가 났을 때 방금 화가 났던 상황을 머릿속으로 그려보면서 나의 마음에 분노의 휘발유를 붓는 일 말고 먼저 내 마음의 소화기를 준비하는 거예요. '토닥토닥, 호오' 유치한 것 같지만 내 마음을 '내가' 제일 먼저 알아주는 것, 나를 사랑하는 일이에요. 이처럼 화난 사람이 화난 자신의 마음을 알아주는 것이 첫 번째 해결방법이에요. '아하! 내가 지금 화가 났구나! 내가 조심해야겠다.' 이처럼 화났다는 사실을 상대방을 향해서가 아니라, 나 자신을 위해서 알아차리는 것, 그래서 내 마음에서 일어난 상황에 소화기를 준비하고 뿌려주는 것이 필요해요.

② 나는 왜 화가 났을까? 나는 또 언제 화가 나지?

내 마음을 토닥이면서 진정시켰다면 두 번째로 내가 도대체 왜 화가 났는지 알아보는 거예요. 내가 화가 나는 상황을 미리 알아둔다는 것은 마치 시험 볼 때 시험을 위해 미리 교과서를 공부하는 것과 같아요. 화는 모든 상황에서 모든 사람이 똑같이 나는 게 아니거든요. 그러니깐 나에게 생기는 분노의 버튼에 대해서 미리 생각해보고 내가 언제 화가 나는지 알아두면 지혜롭게 화를 낼 수 있어요.

내가 화가 나는 상황 미리 알아두기

– 내 계획과 맞지 않을 때

– 몸이 많이 피곤할 때

– 일이 꼬일 때

– 나에게 손해가 생길 때

▶

▶

▶

▶

▶

● **B** : Bling, Bling, Bell! 무슨 방법으로 해결할까?

화가 나서 지금 브링브링 머릿속에 벨이 울리고 있는데요. 그럴 때 분노를 해결할 수 있는 방법에 대해 생각해 봐요.

긍정적인 방법	부정적인 방법
그렇게 했을 때, 결과?	**그렇게 했을 때, 결과?**

분노를 해결하는 세 가지 방식

구분	공격형과 공격형	수동형과 공격형	자기표현형
분노 방식	둘다 격하게 싸움. (신체적, 언어적)	한 사람만 싸움(신체적, 언어적). 다른 사람은 조용히 있거나 피해버림.	싸우거나 논쟁하지 않음. 각자 자기 입장을 말하고 각자 들어줌. 상황을 해결하기 위해 대안을 찾음.
결과	양쪽 모두 상처를 받음.	한 사람은 상처를 받고, 다른 한 사람은 자기 방식대로 함.	상처받는 사람이 없음.
문제 해결 여부	문제는 계속됨. 결과적으로 아무도 존중되지 않음.	문제가 진정될지 모름. 양쪽 모두 존중하지 않음.	문제가 해결되거나 싸움이 진정됨. 패자도 승자도 없음. 모두를 존중함.
새로운 문제	또 다른 싸움이 일어날 수 있음.	패자는 복수를 하려고 하거나 누군가에게 또는 다른 물건을 향해 분풀이를 함.	

나의 다짐

나는 화가 나면 지금까지 자동적으로 사용했던 자동모드를 변경하고,
수동 모드로 전환하겠다는 약속을 하겠다.
그 약속을 지키기 위해 나는 어떻게 하겠는가?

내가 화날 때 누르는 버튼을 아는 것이 나에게 어떤 도움을 주는가?

● C : Charge 어떻게 책임질까?

자, 우리는 이제 세 번째 단계로 왔어요. 그동안 안 그런 친구도 있겠지만 화가 나면 비난부터 했던 친구도 있었을 거예요. 늘 공격만 하는 것이지요. 그런데 그러다보면 문제는 문제로 그대로 남게 되거든요. 비난은 "내게는 책임이 없다"는 거예요. 물론 어떤 일들은 분명히 내가 잘못한 것이 아니에요. 여기에서 책임은 내가 발생된 일에 대해 책임을 져야 한다는 의미가 아니에요. 책임은 "반응하는 능력"이에요. 영어로 책임은 'Responsibility'라고 해요. 'Response'와 'Ability'가 합쳐진 단어에요. 책임이란, 내가 벌어진 일에 대해 어떻게 반응할 지를 결정하는 거예요. 그래서 화날 때 맨날 사용한 그런 방법 말구요. 새로운 방법으로 내가 할 수 있는 일을 생각해 보면 좋겠어요.

내가 반응할 수 있는 방법들
– 공격하지 않는 방법으로 원하는 것 표현하기
– 부드러운 단어 사용하기
– 목소리 낮추기
▶
▶
▶
▶
▶

4 피드백 Feedback

● 조성모 '가시나무새'

내 속엔 내가 너무도 많아 / 당신이 쉴 곳 없네
내 속엔 헛된 바램들로 / 당신이 편할 곳 없네
내 속엔 내가 어쩔 수 없는 어둠 / 당신의 쉴 자리를 뺏고
내 속엔 내가 이길 수 없는 슬픔 / 무성한 가시나무숲 같네

잔잔하게 이 노래를 들으며 오늘 우리가 배운 것들에 대한 여러분의 생각들을
그룹에서 함께 나눠보겠습니다.

Causes of anger

3과 / 분노의 원인을 찾아서

1 팀 빌딩 Team Buliding

② 가족나무를 통해 학습된 분노의 형태 발견하기

우리는 가족과 함께 살고 있기 때문에 서로에게 영향을 주고 받으며 살아요. 그래서
먹는 것, 수면, 말투, 행동, 결정하는 결과, 분노를 표현하는 방식 등 여러 가지 것들이
닮았어요.

여러분이 알아차렸든지 알아차리지 못했든지 간에 우리 가족들이나 다른 누군가가 사용하는 분노의 표현 방식으로부터 "나만의 분노 표현 방식"이 생겼어요. 질문지를 통해 나의 분노가 무엇에 영향을 받았는지 생각해볼까요?

1. 아빠가 화가 날 때, 주로 사용하는 말이나 행동 중에서 내가 비슷하게 사용하는 것은 무엇인가?

   1) 이 질문에 "네"라고 답한다면, 어떤 말과 행동이었나?

   분노의 표현 방식 중 어떤 방식인가? (   ) ① 수동형 ② 공격형 ③ 수동공격형

   2) "아니오"라면 2번의 질문에 답하라.

2. 엄마가 화가 날 때, 주로 사용하는 말이나 행동 중에서 내가 비슷하게 사용하는 것은 무엇인가?

   1) 이 질문에 "네"라고 답한다면, 어떤 말과 행동이었나?

   분노의 표현 방식 중 어떤 방식인가? (   ) ① 수동형 ② 공격형 ③ 수동공격형

   2) "아니오"라면 3번의 질문에 답하라.

3. 아빠와 엄마가 사용하는 말과 행동을 내가 닮지 않았다면, 내가 화가 날 때 자주 사용하는 말과 행동은 무엇의 영향을 가장 받은 것일까? 이 질문에 대해 생각해보고 글을 써보자.

다 풀어보니깐 어떠세요? 무엇을 알게 되었나요? 새롭게 느끼게 된 것이 있나요?
친구들이랑 같이 이야기 해 볼까요?

3 구겨진 생각 주머니 발견하기

화가 날 때 일어나는 상황 자체는 그냥 카메라에서 찍힌 사진처럼 사실 그 자체이지만 그 사실에 내가 판단을 더하면서 그것이 사실인지 판단인지 잘 모를만큼 뒤섞이게 돼요. 그러다보니 무엇이 사실이고, 무엇이 나중에 일어난 이야기인지 구분 못하고 화만 계속 날 때가 많지요. 구겨진 생각주머니를 펴고 사실을 찾아보세요. 누구든 판단을 받고 싶지는 않아요. 친구들과 이야기하면서 친구를 오해하거나 친구들과 멀어지는 일이 없도록 여러분의 구겨진 생각주머니를 펼쳐 보아요.

어떤 문장이 사실인지 혹은 판단인지 생각해볼까요?

재호는 예의가 없다.	☐ 사실	☐ 판단
상호야, 오늘 학원에 15분 늦었더라.	☐ 사실	☐ 판단
상우는 어제 이유 없이 내게 화를 냈다.	☐ 사실	☐ 판단
선생님은 체육시간에 나를 무시했다.	☐ 사실	☐ 판단
용준이는 학급회의시간에 내 의견을 묻지 않았다.	☐ 사실	☐ 판단
내 아들은 이를 자주 닦지 않는다.	☐ 사실	☐ 판단
미혜는 나와 이야기할 때 불평을 한다.	☐ 사실	☐ 판단
철수는 내가 원하는 건 좀처럼 하지 않아.	☐ 사실	☐ 판단
나는 두꺼운 책을 읽었다.	☐ 사실	☐ 판단
이번 주 등교길에 미애를 3번 만났다.	☐ 사실	☐ 판단
지호는 나를 미워한다.	☐ 사실	☐ 판단
나는 오늘 학원에 30분 늦었다.	☐ 사실	☐ 판단
너는 PC방에 자주 가는 구나.	☐ 사실	☐ 판단

우리를 화나게 하는 것은 사실인가? 아니면 나의 판단인가?
사실 때문에 화가 나는 것이 아니라
나의 판단이나 내가 지어낸 이야기 때문에 화가 나는 경우가 더 많다.

4 내가 진짜 원하는 것 알려주기

내가 원하는 것을 잘 표현하지 못해서, 또는 상대방이 내가 원하는 것을 제대로 알아주지 않아서 화가 날 때가 있다. 그래서 우리는 내가 정말로 원하는 것을 상대방에게 건강한 방식으로 표현하는 것에 대해 배워야 한다.

● 사람의 욕구

  - 식욕 등의 신체적 욕구 : 음식, 운동, 휴식
  - 안전에 대한 욕구 : 보호, 안전, 생존
  - 소속감과 사랑에 대한 욕구 : 사랑, 존중, 배려, 이해, 친밀감
  - 자아실현의 욕구 : 인정, 자유, 능력, 재능

(1) 화가 났던 상황 한 가지 적어보기

언제, 누구와, 왜 화가 났었니?

(2) 그 때를 떠올렸을 때 내가 정말로 원하는 것은 무엇이었는가?

(3) 친구들에게 또는 부모님에게 듣고 싶은 말 3가지 쓰기

5 피드백 Feedback

이 시간을 마무리 하면서 스스로 정리하는 시간을 갖도록 하겠습니다.
새롭게 깨달은 것 또는 느낀 점이 있을 거예요.
자신의 말로 한번 정리해볼까요?

Anger Management

4과 / 분노를 관리해야 모두가 행복하다!

1 분노를 언어로 해결하는 방법 : 카메라 대화법

상황1)
체육시간, 공을 쫓아 뛰어 가는데 정수가 발을 걸어 넘어졌다. 앞으로 몇 바퀴는 구른 것 같다. 그런데 정수가 미안하다는 말을 하지 않는다.

상황2)
3교시가 끝나고 쉬는 시간. 민호가 내 책을 빌려갔다. 그런데 책을 갖다 주지 않는다. 처음에는 내가 가져왔다. 그런데 이런 일이 한 번, 두 번 반복되니 화가 난다.

상황3)
세 번째 상황은 여러분이 한 번 만들어 보세요.
지금 학교생활에서 여러분에게 가장 화가 나는 상황은 무엇인지 서로 이야기 하면서 만들어 볼까요?

- 카메라 대화법

1단계 : 카메라로 장면을 찍듯 눈으로 찍고 그것을 말로 서술하기

"~ 하는 것을 보니까", "~ 할 때", "~ 볼 때" 라고 말하기

상황1)

상황2)

상황3)

2단계 : 그 장면에서 느껴지는 나의 느낌을 말하기

느낌을 표현하는 말	
욕구가 충족되었을 때	욕구가 충족되지 않았을 때
기쁜, 행복한, 흥분된, 평화로운, 고요한, 축복받은, 마음이 가라앉은, 사랑하는, 정다운, 따뜻한, 정을 느끼는, 자부심/자신감있는, 자신만만한, 당당한, 활기있는, 원기가 왕성한, 상쾌한, 흥미/몰입된, 매혹된, 편한, 긴장이 풀린, 감사한	슬픈, 외로운, 우울한, 겁나는, 두려운, 불안한, 화가 나는, 억울한, 귀찮은, 낙담한, 좌절한, 근심하는, 불안한, 걱정되는, 피곤한, 무기력한, 지루한, 마음이 무거운, 불편한, 난처한, 무안한, 당혹스런

상황1)

상황2)

상황3)

3단계 : 내가 필요로 하는 것을 부탁하기

화가 나는 내 마음속에 있는 욕구를 해결하기 위해 우리는 잘 말해야 해요.
그런데 말할 때 상대방에게도 욕구가 있겠죠. 서로에게 있는 필요, 욕구를 존
중하면서 말하려면 친구들 사이에서도 강요나 명령하지 말고 부탁하는 거예
요. 왜냐하면 그 친구도 그 친구의 요구, 필요가 있으니깐요.
그러니깐 '~했으면 좋겠어', '할 수도 있어'라는 마음을 가졌으면 좋겠어요.

▶ '~해야 한다'는 당위적 사고를 '~했으면 좋겠다', '할 수도 있어'라는
   소망적인 사고로 바꾸어서 말해보자.

▶ 또, 원하는 말을 긍정문으로 바꾸어보자.

▶ 상대방이 'No'라고 내 부탁에 거절할 수도 있다.
   그것도 수용할 수 있어야 한다.

상황1)

상황2)

상황3)

2 카메라 대화법 연습문제

> 보람은 새로 이사했고, 새로운 친구 어진을 만나게 되어 운이 좋다고 생각한다. 보람과 어진은 관심사가 서로 비슷하여 함께 즐겁게 지낼 수 있었다. 그러나 각자 자기 방식대로 하고 싶은 것은 자유롭게 하며, 자기 방식을 상대방에게 강요하지 않는다.
>
> 한편, 보람은 정말로 재미있을 것 같은 새로운 또래집단의 리더인 미희를 만난다. 보람은 이 새로운 집단 친구들과 재밌게 어울리는 시간이 많아지고 미희를 따라다니며 우정을 나눈다. 그러나 얼마 후 미희와 새로운 또래집단은 보람에게 어진과의 우정을 포기하도록 요구하며, 보람이 옳지 않다고 생각하는 일을 하도록 요구한다. 예를 들어, 새로운 집단에서 보람에게 토요일에 쇼핑몰에 갈 계획인데 물건 몇 가지를 훔칠 것이라고 한다. 그래서 보람이가 다른 곳에 갈 계획이 있다며 피하려고 하자, 미희는 "네가 계속 우리와 어울리기를 원한다면 함께 가야만 한다"고 말한다.
>
> 출처: KBS 드라마 〈학교〉의 한 장면

자, 여러분이 보람이라면 어떻게 하겠어요. 카메라 대화법으로 말해볼까요?

- 보람이의 입장에서 카메라 대화법 연습하기

  1단계: 사진을 눈으로 찍고 그것을 말로 옮기기

  2단계: 나의 느낌만 말하기

  3단계: 내가 필요로 하는 것을 말하기

여러분은 때때로 옳지 않은 행동인 것을 알면서도 친구들 사이에서 인정받기 위해 하기 싫은 일을 하고 있진 않나요? 여러분을 좋아하고 여러분의 마음을 알아주는 좋은 친구가 있을 거예요. 여러분은, 여러분을 마음대로 움직이고 사용하려고 하는 사람들에게 '아니요'라고 할 수 있어요.

3 분노를 생각으로 해결하는 방법

여러분이 화가 나는 상황을 생각해 보자.

그 상황을 당신이 존경하는 사람이 보고 있다고 가정해보자.

당신은 어떻게 할 수 있을까?

또한 당신이 존경하는 사람이 이 상황에서 어떻게 반응할지 생각해보자.

내가 그 사람처럼 행동한다면 어떻게 행동할 수 있을까?

4 피드백 Feedback

● 내가 화가 나면, 나는 이렇게 하겠습니다.

● 나는 지금까지 내가 했던 방식을 버리기 위해 이런 일들을 더 이상 하지 않겠습니다.

● 나는 이 프로그램을 통해 이러한 점을 깨달았습니다.

● 나는 조금씩 나아질 것입니다. 나는 화가 났을 때 내가 했던 약속을 기억하겠습니다.
  나는 과거의 나로 돌아가지 않겠습니다.

년   월   일

서명 _____